haicais visuais

★ Prêmio FNLIJ 2016 nas categorias Melhor Livro de Imagem Hors-Concours e Melhor Ilustração – Fundação Nacional do Livro Infantil e Juvenil

Nelson Cruz

haicais visuais

EDITORA
POSITIVO

Ao amigo Augusto Massi

O dia todo usando
um chapéu que não estava
na minha cabeça

Jack Kerouac

sumário

boa viagem!

três gatos

rei Kong

a hora da estrela

boa noite, Alice!

nascente

Magritte ao vento

hora da partida

mensagem para mim

sonho

o livro

Foi uma surpresa para mim, nos anos 1970, a descoberta dos cartuns e das charges sem texto. Passei a admirar profundamente a capacidade que os artistas tinham de expor suas ideias por meio de imagens desenhadas a nanquim e sem palavras. Chamavam a minha atenção, particularmente, as tirinhas de humor, com suas sequências de três a quatro quadros. Nesse curto espaço, seus autores desenvolviam histórias. Edgar Vasques com sua revista *Rango*, Luis Fernando Verissimo com *As Cobras*, Henfil com o *Fradim* e algumas publicações alternativas, como o jornal *Movimento* e o *Pasquim*, que também tinham no desenho de humor uma forma de resistência política. Cartunistas, chargistas e caricaturistas formavam um grupo atuante que aliviava com humor crítico a dura realidade política e social do país, o momento difícil que o governo militar impunha aos brasileiros.

Nessa época, influenciado por alguns amigos, produzi uns acanhados cartuns, que felizmente não vieram a público. Mas o desenho de humor me levou ao traço da caricatura e, mais adiante, à ilustração.

Anos depois, o encontro com os haicais renovou em mim o apreço pela concisão. A beleza e a leveza dos haicais e sua extraordinária capacidade de produzir imagens me conduziram àquele momento de descoberta dos cartuns e das charges sem texto. A síntese na elaboração dos temas nos haicais e no desenho de humor, partindo do simples para o complexo, me encantou imediatamente.

Fiquei fascinado pelos haicais, como este do japonês Matsuo Bashô, que é considerado o grande mestre desse tipo de poesia:

Vai-se a primavera,
queixas de pássaros, lágrimas
nos olhos dos peixes

Ou este haicai, escrito pelo poeta mexicano José Juan Tablada:

Formigas sobre
um grilo inerte. Recordo
de Gulliver em Liliput.

Então me veio a ideia de unir o poema em três versos do haicai com a narrativa curta da tirinha. Logo anotei o título: *Haicais visuais*. Desenvolver histórias utilizando recursos das duas artes passou a ser um desafio para mim.

Não me prendi somente a temas da natureza, como no haicai tradicional, e sim naquilo que penso e observo. Em uma das histórias, “mensagem para mim”, um sopro de esperança que de vez em quando me ocorre. Em “três gatos”, uma provocação. Já em “rei Kong”, um toque de humor.

Dessa forma, este livro foi nascendo.

obras consultadas

2 em 1, de Alice Ruiz, Iluminuras.

Cartuns do Nani, de Chico Anísio, Ediouro.

Hai-kais, de Millôr Fernandes, L&PM.

Livro de haicais, de Jack Kerouac, traduzido por Claudio Willer, L&PM.

O novo humor do Pasquim, de vários autores, Codecri.

O tamanho da coisa, de Laerte, Circo Editorial.

Sendas de Ôku, de Matsuo Bashô, traduzido por Olga Savary, Roswitha Kempf Editores.

Toda poesia, de Paulo Leminski, Companhia das Letras.

Trilha estreita ao confim, de Matsuo Bashô, traduzido por Kimi Takenaka e Alberto Marsicano, Iluminuras.

o autor

Nasci em 1957. Atualmente, moro e trabalho em Santa Luzia, cidade que fica a 30 quilômetros de Belo Horizonte, em Minas Gerais.

Desde 1989, trabalho no mercado editorial. Em 1998, meu livro de imagem *Leonardo* conquistou o Prêmio FNLIJ, da Fundação Nacional do Livro Infantil e Juvenil, e o Prêmio Octogones, do Centre International d'Études en Littérature de Jeunesse (CIELJ), da França. Em 2001, recebi o Prêmio Jabuti, da Câmara Brasileira do Livro, e o Prêmio FNLIJ por *Chica e João*. Em 2010, *Os herdeiros do lobo* ganhou o Prêmio Jabuti. Em 2011, *Alice no Telhado* conquistou o Prêmio Glória Pondé, da Biblioteca Nacional. E em 2013, *A máquina do poeta* levou o Prêmio APCA, da Associação Paulista de Críticos de Arte, além do 3º lugar, na categoria Ilustração de Livro Infantil e Juvenil, do Prêmio Jabuti.

Como ilustrador, recebi o Prêmio FNLIJ em 1998, 1999, 2003 e 2013: pelas artes, respectivamente, da Coleção Sonhar para Acordar (*Mateus*, *Noel* e *Leonardo*), de minha autoria, e dos livros *Cantigamente*, de Leo Cunha, ilustrado em parceria com Marilda Castanha, *Conto de escola*, de Machado de Assis, e *Visita à baleia*, de Paulo Venturelli.

Em 2002, a FNLIJ me indicou ao Prêmio Hans Christian Andersen e, em 2004 e 2012, para a Lista de Honra do International Board on Books for Young People (IBBY).

Em 2012, os originais do meu *Alice no telhado* participaram da exposição Tea with Alice, organizada pelo Museu de História de Oxford, na Inglaterra, em homenagem aos 150 anos do livro *Alice no País das Maravilhas*, de Lewis Carroll. A mesma exposição foi montada depois, no final do mesmo ano, na Fundação Calouste Gulbenkian, em Portugal.

Dados Internacionais para Catalogação na Publicação (CIP)
(Maria Teresa A. Gonzati / CRB 9-1584 / Curitiba, PR, Brasil)

C975 Cruz, Nelson.
Haicais visuais / Nelson Cruz. – Curitiba: Positivo, 2015. – 60 p.: il. (Coleção História à vista!)

ISBN 978-85-385-9253-2

1. Literatura infantojuvenil. I. Título.

CDU 82.053-2

Gerente Editorial: Júlio Röcker Neto
Gerente de Arte e Iconografia: Cláudio Espósito Godoy
Edição: Marcelo Del'Anhol e Fernanda Pehls Mendes
Supervisão de Arte: Karina Hollanda
Análise de Arte: Juliana Ferreira Rodrigues
Edição de Arte: Daniel Cabral
Coordenação de Revisão: Sandra Regina de Souza
Revisão: Alessandra Cavalli Esteche
Capa e projeto gráfico: Daniel Cabral
Engenharia de Produto: Solange Szabelski Druszcz

Rua Major Heitor Guimarães, 174
80440-120 – Curitiba – PR
Site: www.editorapositivo.com.br
Fale com a gente: 0800 723 68 68

Impressão e acabamento:
Gráfica e Editora Posigraf Ltda.

4ª impressão

Impresso no Brasil
1 2 3 4 6 7 8 9 10 11 12

2019

EDITORA POSITIVO